TABLA DE CONTENIDOS

Introducción

¿Qué es una vida legendaria?

Si alguna vez has escuchado a la gente hablar de vivir una vida legendaria, probablemente te estés preguntando qué significa eso. ¿Qué es una vida legendaria? ¿Cómo empiezas a vivir uno? En este libro electrónico, vamos a ver lo que significa vivir una vida legendaria. Veremos cómo puede beneficiarte. También veremos los cambios que puedes poner en marcha para que puedas lanzar tu legendaria existencia.

Vivir una vida legendaria, esencialmente, significa que estás viviendo tu mejor vida. Significa tratar de maximizar el potencial en cada uno delos que haces para darte la mejor oportunidad de sentirte bien. Significa lograr más y experimentar la máxima felicidad. Significa que usted explota su potencial al máximo y aprovecha las oportunidades cada vez que se presentan. También significa que persigues tus sueños libremente sin permitirte que te abstengan de lograr todo lo que puedas.

Vivir una vida legendaria también significa que necesitas encontrar el equilibrio. Este es un elemento vital para mantenerse saludable y feliz. Cuando administras tu energía y tiempo sabiamente, puedes nutrirte al máximo. Cuidar tu mente, cuerpo y espíritu te permitevivir la mejor vida quepuedas.

Si estás listo para comenzar a vivir una vida legendaria, es hora de seguir leyendo. Te daremos consejos prácticos para ayudarte a alcanzar tu máximo potencial. Descubre cómo puedes implementar el cambio para hacer que tu vida sea lo mejor que pueda ser.

CHAPTER 1

AWARENESS AND PLANNING

Capítulo 1: Sensibilización y planificación

Es lógico que no puedas implementar el cambio para mejor en tu vida hasta que sepas lo que está mal. No puedes mejorar algo si no sabes lo que hay que mejorar. Lo primero que debes hacer es, por lo tanto, ser más consciente. Usted need para echar un vistazo más de cerca a su vida para identificar dónde se encuentran los problemas.

Reconocer dónde están los problemas

El primer paso para vivir una vida legendaria es ser brutalmente honesto contigo mismo. Echa un vistazo de cerca a tu vida. Examina los aspectos detu vida con los que no estás contento. ¿Qué elementos de tu vida te están derribando? ¿Dónde se podrían introducir mejoras?

No es fácil mirar objetivamente tu vida. Nadie quiere detenerse en los ámbitos problemáticos. Muy pocas personas están dispuestas a centrarse en las cosas que los hacen infelices. Sin embargo, esto es esencial. Hay que ser consciente de lo que está mal para darle la vuelta para mejor.

Tómese el tiempo para considerar cada parte de su vida. Mira tu salud, tu trabajo, tus relaciones y tuocio. ¿Estás contento con la forma en que van las cosas? ¿Con qué no estás satisfecho?

Necesitas ser despiadado contigo mismo. No tiene sentido mentirse a sí mismo o pasar por alto la verdad. Si algo te está haciendo infeliz, debe abordarse. De lo contrario, nunca se puede vivir una vida legendaria.

Anote las áreas de su vida con las que está insatisfecho. Tal vez no estés contento con tu peso o quieras sentirte más saludable. Tal vez usted está aburrido y sin estimular en su trabajo y quiere embarcarse en una nueva carrera. Tal vez estés cansado de citas sin sentido y anheles el compromiso con una persona especial. Tal vez estés cansado de estar sentado viendo la televisión todas las noches y estés listo para tomar un nuevo y satisfactorio pasatiempo. Anota todas tus observaciones. Los necesitarás para ayudarte a pasar a la siguiente etapa.

Visualización de la perfección

Ahora que tienes una lista de cosas que te están haciendo infeliz, es hora de comenzar a implementar el cambio. Para avanzar hacia la mejora, es necesario visualizar la perfección. ¿Cómo se ve tu vida de ensueño? Necesitas una idea clara de los objetivos e intenciones que necesitas alcanzar. Esto le permitirá tomar las medidas necesarias.

Actuar, con demasiada frecuencia, se siente intimidante y aterrador. A veces, incluso puede parecer imposible. Si llevas décadas trabajando en el mismo trabajo, por ejemplo, la idea de renunciara la ma y ser aterradora. Si siempre has tenido problemas para comprometerte con una relación, la idea de establecerte podría parecer imposible.

Sin embargo, si comienzas a visualizar lo que quieres de la vida, puedes comenzar a ver cómo se puede hacer el cambio.

La visualización será una ejecución de prueba. Te da una idea más clara de cómo puedes vivir una vida de ensueño. También le ayudará a establecer más claramente lo que desea. También te ayuda a adoptar una mentalidad más positiva.

¿Cómo empiezas a visualizar? El primer paso es elegir su enfoque. Elija one de las áreas que necesita mejorar y concéntrese en ello. Piensa en cómo te sentirás una vez que lo hayas dado la vuelta para mejor.

Deja que tu imaginación te lleve. Por ejemplo, si estás interesado en cambiar de trabajo, imagina lo que te gustaría hacer. ¿Qué trayectoria profesional te estimularía y te daría la satisfacción que buscas? Imagínese trabajando en el trabajo de sus sueños. ¿Cómo será tu vida? ¿Qué te pondrás para trabajar todos los días? ¿Cómo aparecerá tu rutina diaria? ¿Cómo llegarás a tu nuevolugar detrabajo?

Hazte esas preguntas y déjate experimentar los sentimientos que tendrías si todo lo que imaginaste fuera real. Esta práctica es vital para el éxito. Te pone en la mentalidad correcta que necesitas para tener éxito. También aumenta su estado de ánimo.

Diseñando tu vida legendaria

Una clave importante para el éxito es tener intención en todo lo que haces. Establecer intenciones le permite actuar con unidad y propósito. Le permite determinar un camino claro a seguir. Le permite identificar lo que debeaceptar.

Al establecer sus intenciones diarias, semanales o mensuales, desarrollará un propósito en su vida. Esto también le permitirá medir el éxito que está teniendo en la mejora de su existencia diaria.

¿Qué es el establecimiento de intenciones? Esencialmente, es lo mismo que establecer metas para ti mismo. Establecer intenciones te permite decidir los tipos de sentimientos y emociones que estás buscando. Cuando tienes la intención de convertirte o hacer algo, estás dando un paso más cerca de unavida lege ndary.

Entonces, ¿cómo se establecen las intenciones? La forma más fácil de hacerlo es anotarlos cada día, semana o mes. Elija el intervalo que funcione mejor para usted. Simplemente haga una lista de las cosas que necesita lograr durante ese tiempo. Algunas delas intenciones que usted mismo puede establecer incluyen:

• Tengo la intención de ir al gimnasio tres veces esta semana.

- Tengo la intención de llamar a dos amigos con los que no he hablado recientemente.
- Tengo la intención de solicitar un nuevo trabajo esta semana.

Estos ejercicios le permiten obtener una visión clearer de lo que está buscando en la vida. Te da cosas en las que enfocarte. También le ayuda a evitar sentirse abrumado. Al tomar las cosas despacio, un par de cosas a la vez, haces que el cambio sea manejable. Si tomas las cosas paso a paso, puedes quedarte en el presente. Eso hace que tu vida sea mucho más gratificante.

INVEST IN YOUR
PHYSICAL HEALTH

Capítulo 2: Invierta en su salud física

Ahora has establecido intenciones, visualizado tu vida legendaria y diseñado un plan. El siguiente paso es comenzar un viaje de salud. Trabaje conscientemente para cuidar mejor su bienestar físico. Esto le ayudará a sentirse más positivo y exitoso. Como result, estarás listo para abordar las intenciones más desafiantes que has ideado para ti mismo.

Cuando te tomas el esfuerzo y el tiempo para comer bien y hacer más ejercicio, te estarás preparando para el éxito. Te verás bien y te sentirás bien. Eso te ayuda a sentir que no hay nada que no se pueda lograr.

Por supuesto, a menudo es más fácil decirlo que duno para mejorar su salud física. Empezar poco a poco puede ayudar. Trate de hacer un cambio al día. Comience a dar un corto paseo todas las noches o agregue una pieza de fruta fresca todos los días. Si te lanzas directamente a una dieta restrictiva, no podrás apegarse a ella a largo plazo. Si te apresuras a comprar una membresía de gimnasio, hay una buena probabilidad de que nunca la uses. No te apresures. Agregue elementos saludables gradualmente en su vida. Esto le permitirá adaptarse con el tiempo.

Mejore su dieta

Comer bien se encuentra en el corazón del bienestar general. Si sobrevives con una dieta de alimentos grasos y comidas procesadas, nunca te sentirás lo mejor posible. Puede ser demasiado tentador disfrutar de golosinas azucaradas y comida rápida. Después de todo, la tentación está en todas partes. Sin embargo, antes de detenerse en McDonald's después del trabajo para tomar una hamburguesa, tómese el tiempo para pensar. Recuerda cómo visualizaste tu legendaria vida. ¿Cómo te veías y te sentías? Usted puede estar seguro de que lo ideal es que usted no tiene sobrepeso ni mal!

Por supuesto, no hay nada de malo en darse el gusto de vez en cuando. Amarte a ti mismo de vez en cuando es importante, como veremos más adelante en esta guía. Pero una golosina es solo una delicia si es ocasional y no todos los días.

Cualquiera que sea la tentación de conseguir comida para llevar o comprar una caja de donuts en el camino a casa, es importante resistirse. En su lugar, concéntrese en crear comidas deliciosas y saludables en casa. Cocinar desde cero es la mejor y más fácil manera de incorporar alimentos integrales en su diet. Al evitar los alimentos procesados y concentrarse en los alimentos reales en su lugar, puede disfrutar de un mejor bienestar general.

¿Qué deberías comer? Un montón de frutas y verduras frescas siempre debe estar en el menú. Sin embargo, un equilibrio en su dieta es imprescindible. La fibra, los granos enteros y un montón de legumbres mantendrán su cuerpo funcionando correctamente. Recuerde beber más agua también every día.

No hay necesidad de seguir una dieta extremadamente restrictiva. Simplemente cambiando a alimentos integrales más saludables, puede mejorar su bienestar. Mantenga su ingesta de calorías recomendada cada día y minimice su consumo de alcohol. Trate de evitar el exceso de cafeína también. Todo esto te hará más saludable por dentro, y eso también contribuye al exterior.

Hacer más ejercicio

Todo el mundo sabe que necesitan hacer suficiente ejercicio para mantenerse en buena forma. Sin embargo, la mayoría de nosotros no tenemos suficiente cada semana. Agregar ejercicio a cada día ayuda a mejorar su bienestar físico.

La mayoría de las personas hoy en día tienen una vida cada vez más sedentariae. Sin embargo, todos deberíamos estar haciendo un mínimo de 150 minutos de ejercicio cada día. Un objetivo de 10,000 pasos diarios es la cantidad recomendada para minimizar los riesgos para la salud y aumentar el bienestar.

Las personas que no hacen suficiente ejercicio están en riesgo de tener varios problemas:

- Unaprobabilidad de gr eater de desarrollar cáncer
- Problemas de salud mental como la ansiedad y la depresión
- Un mayor riesgo de problemas cardiovasculares
- obesidad

- hipertensión
- Colesterol alto

Por lo tanto, es importante ser más activo. Entonces, ¿cómo podemos encajarlo en nuestras vidas? Como ya hemos dicho, no tiene sentido apresurarse a comprar una membresía de gimnasio. Hay una fuerte posibilidad de que vayas por un par de semanas y luego te rindas. El cambio debe implementarse lentamente y a un ritmo manejable. Por lo tanto, ajustar el ejercicio a su rutina es la mejor manera.

- Trate de pararse y caminar durante su día de trabajo en lugar de sentarse en su escritorio.
- Olvídate del ascensor – toma las escaleras.
- Camine hasta el trabajo o la tienda en lugar de conducir o intenteciclar en su lugar.
- Dé un paseo todas las noches antes de acostarse.
- Añade diez minutos de yoga o Pilates a tu rutina matutina.

Una vez que comience a ver los beneficios positivos del ejercicio, puede aumentar la cantidad que hace. A continuación, puede comenzar a agregar algunos deportes o actividades físicas. Ir a nadar un par de veces a la semana. Tome un trote alrededor de la cuadra cada dos noches. Inscríbete en una clase de aeróbic. Únete a un equipo deportivo. Pronto estarás en camino a un nuevo y más saludable.

Cuídate

Puede ser difícil cuidarse. Muchos de nosotros estamos tan acostumbrados a cuidar de los demás en su lugar. Si usted es un padre ocupado, la mayor parte desu tiempo y esfuerzo se dedica al cuidado de sus hijos. Si usted está cuidando a padres ancianos, su enfoque es naturalmente en su bienestar. Es muy fácil dejar de pensar en lo que necesitas. Sin embargo, cuidarse a sí mismo es una parte importante de vivir una vida legendaria.

Si tu hijo se sentía enfermo, lo llevarías al médico, ¿verdad? Por lo tanto, es igualmente importante hacer lo mismo por ti mismo. Si estás mal, es tentador luchar. Sin embargo, eso no hace ningún bien para su bienestar general. Dejar el problemahasta que se salgan de control es contraintuitivo. Si sigues luchando a pesar de que tienes dolor o te sientes enfermo, eventualmente podría empeorar. Siempre es mejor buscar tratamiento a la primera señal de un problema. Terminar en el hospital o enfermo en la cama durante semanas no te ayudará a vivir una vida legendaria.

Tómese el tiempo para ver a un médico si siente que algo no está bien. Visite a su dentista regularmente parachequeos. Hazte la prueba de los ojos a intervalos regulares. Siempre es mejor prevenir que curar.

CHAPTER
3
INVEST IN
YOUR MENTAL
HEALTH

Capítulo 3: Invierte en tu salud mental

El mundo moderno es de ritmo rápido. Todos estamos más estresados que nunca. Tratar de encajar todo, desde trabajar hasta cuidar a los niños puede parecer imposible. No es de extrañar, entonces, que más personas sufran de ansiedad y depresión. Invertir en su alth mentales algo que, con demasiada frecuencia, se pasa por alto.

Sin embargo, una buena salud mental es clave para vivir una vida legendaria. Si tu mente no está en un buen lugar, impacta toda tu vida. Si estás deprimido y ansioso, no puedes concentrarte lo suficiente como para tener éxito en elmundo. Sus relaciones llevan la peor parte. Su bienestar físico se resiente. En resumen, mejorar su salud mental es vital.

Los beneficios de la meditación

Si encuentras que siempre estás corriendo, la meditación puede ser altamente beneficiosa. Es una excelente práctica para ayudarle a lograr claridad. También es útil para tomar descansos del ajetreo y el bullicio de la vida, lo que le permite sintonizar con usted mismo.

Si nunca has hecho meditación antes, tomará algún tiempo acostumbrarte a ella. Comience lentamente,facilitándonos suavemente en su práctica. Encuentre un lugar tranquilo y cómodo donde pueda relajarse por completo. Si bien una meditación de una hora de duración podría ser óptima, comience con solo diez minutos.

Cuando meditas, estás apuntando a ser más consciente. Te estás enfocando en tu respiración y tu cuerpo. Si tu mente vaga, reconócela y entonces llávala de vuelta a tu respiración. La meditación inyecta beneficios duraderos y de largo alcance en su vida. Aún mejor, usted puede hacerlo en la comodidad de su propia casa! Le reducirá losniveles de estrés r, ayudar a mejorar su enfoque y reducir su charla cerebral. Todo esto te ayudará a trabajar para vivir tu vida legendaria.

Entonces, ¿cómo comienzas a meditar?

- Siéntese en un lugar que sea cómodo, tranquilo y tranquilo.

- Póngase un límite de tiempo para la meditación : 5 o 10 minutos es un buen punto de partida.

- Concéntrese en su cuerpo. Puedes sentarte con las piernas cruzadas, en una silla o arrodillarte. Asegúrese de que está estable y en una posición cómoda.

- Siéntase respirando dentro y fuera.

- Fíjate cuando tu mente vaga. Devuélvase su enfoque a su respiración siempre que lo haga. No te juzgues a ti mismo ni te cruces contigo mismo si tu mente vaga. Tampoco te concentres en esos pensamientos. Sólo tienes que volvera ti mismo a su respiración.

- Una vez que se a acabar el tiempo, abra los ojos lentamente. Tómese unos momentos para tomar conciencia de su entorno. Fíjate en la forma en que tu cuerpo se siente. Tenga en cuenta sus emociones y sentimientos.

Practica esto todos los días y aumenta lentamente la cantidad de tiempo que pasas meditando. Pronto comenzarás a experimentar beneficios mentales y físicos.

Practica el amor propio todos los días

En la prisa de la vida diaria, ¿te has olvidado de la relación que tienes contigo mismo? Amarte a ti mismo es un elemento clave para vivir una vida legendaria. No puedes crear la existencia perfecta si no estás en sintonía contigo mismo. Debes prestar atención a tu estado emocional y a tu intuición.

Nunca olvides que eres especial. Eres único en este mundo. ¡Es por eso que puedes vivir una vida legendaria! Te mereces amor, no solo de los demás, sino también de ti mismo.

Muchas personas encuentran difícil practicar el amorpropio. Ni siquiera están seguros de lo que implica. Tenga la seguridad de que el amor propio no se trata de ser un narcisista o ensimismado. En cambio, se trata de estar en contacto con usted mismo, su felicidad y su bienestar.

¿Cómo es el amor propio? Estos son algunos consejos para ponerlo en práctica en tu vida:

- Dígase algo positivo cada día. Tal vez te veas bien. Tal vez manejaste bien una situación específica. Tal vez hayas logrado algo extraordinario. Haznossonreír recordándonos a ti mismo.

- Celebra cada victoria. Aunque sea algo pequeño.

- Prueba cosas nuevas que estén fuera de tu zona de confort. Te sorprenderá lo bien que te hace sentir.

- Disfrute de algo que ama de vez en cuando. Nada malo will pasar si usted come ese donut una vez a la semana.

- Tómese un tiempo para usted. Tener un baño de burbujas y escuchar música relajante. Tener una manicura o un masaje. Trátese bien.

- Perdónate por las cosas que has hecho que están pesando en tu mente.

- Relájese por un tiempo. Siéntese sin distracciones, tome una taza de algo y simplemente relájese.

- Pintar, esculpir, componer, dibujar o escribir. Expresa tu lado creativo.

- Permítete salir y disfrutar. Conozca a un amigo para tomar un café o una comida. socializar. Te sentirás mejor por ello.

Prueba yoga

Si nunca has probado el yoga antes, podría ser el momento de probarlo. Puede enriquecer su vida en varios niveles. Si te tomas el tiempo para practicar yoga diaria o semanalmente, tu cerebro puede disfrutar de un descanso mental. La vida está llena de caos. El yoga te ayuda a desconectar del ajetreo y el bullicio. Aún mejor, ayuda a conectar el cuerpo y la mente en un nivel profundo. Cuando practicas yoga, te das cuenta de tu cuerpo. A continuación, puede estar más en sintonía con lo que necesita.

Por supuesto, el yoga es un excelente ejercicio. Algunas formas de yoga, como el yoga caliente y Bikram, son un entrenamiento excepcional. El yoga te ayuda a estirarte y a ser más flexible. Esto significa que también puede ayudarlo a alcanzar sus objetivos de salud física.

Más del 90 por ciento de los que practican yoga comienzan a encontrar alivio del estrés y a mejorar su condición física. Sin embargo, con el tiempo, se dan cuenta de que puede ayudarles a alcanzar sus metas de vida. Puede ayudarle a desarrollar su potencial. ¿por qué?

Los beneficios para la salud del yoga son reales. Puede reducir sus riesgos de enfermedades del corazón, reducir la presión arterial y ayudar a mantener un peso corporal saludable. El yoga también puede ayudar con varios problemas médicos. El SII, el dolor crónico, el asma y la fatiga se pueden mejorar mediante la práctica de yoga. Como hemosseñalado AlreaDy, si te sientes bien, puedes concentrarte en otras áreas de tu vida. Esto le permite trabajar para vivir su vida legendaria.

Sin embargo, los principales beneficios que proporciona el yoga son para la mente. El yoga no solo puede reducir la ansiedad y la depresión, sino que también puedecambiar tu cerebro. El yoga puede proteger contra el deterioro cognitivo a medida que envejeces. También puede aumentar las emociones positivas y aumentar los sentimientos de relajación. Aún mejor, causa crecimiento en partes del cerebro relacionadas con el aprendizaje y la memoria. También encoge la part del cerebro en relación con la ansiedad, el estrés y el miedo. Como resultado, podrás trabajar mejor en tus legendarios objetivos de vida.

Diario de sus pensamientos

No todo el mundo tiene a alguien que los escuche cuando necesitan hablar. Una gran alternativa es journal sus pensamientos. Escribir sus pensamientos y sentimientos ayuda a reducir la ansiedad y el estrés. También ayuda a organizar sus pensamientos. En resumen, el diario te ayuda a sobrellevar el estrés de la vida de manera productiva.

Cuando escribes tus pensamientos yexperiencias, puedes usarlos para tu ventaja. Puede identificar objetivos y metas futuras. Al escribir tus experiencias, puedes detectar los errores que has cometido. Esto le ayuda a tomar la acción correcta en el futuro para que pueda lograr sus objetivos.

El registro en diario le ayuda a aclarar los problemas que enfrenta. A continuación, puede centrarse en la búsqueda de soluciones. También le permite entrar en un auto-diálogo útil. Puedes expresarte plenamente sin preocuparte por las opiniones de los demás. Como resultado, usted puede conectar con sus sentimientos unnd pensamientos y lograr claridad mental.

Cuando escribes un diario, puedes crecer como persona. Se puede lograr una mayor estabilidad emocional. Además, a medida que avanza el tiempo y miras hacia atrás sobre tu escritura, verás cómo el cambio afectó tu vida. Esto puede ser para bien o para mal. De cualquier manera, you'll ser capaz de ver cuánto progreso estás haciendo hacia sus metas.

4

LET GO OF NEGATIVITY

Capítulo 4: Dejar ir la negatividad

Todos tenemos una voz en nosotros mismos que nos dice que no podemos hacer algo. Podemos llamarlo su crítico interno. Con demasiada frecuencia cometemos el error de escucharlo. Eso puede causar estrés en su vida, por no hablar de la falta de realización. Puede parecer desalentadorg para tomar conciencia de esa voz en su cabeza. Sin embargo, una vez que pueda identificarlo, puede comenzar a soltar su negatividad.

Reconoce tu auto-hablar

Hablar de uno mismo negativo es muy perjudicial. Es necesario redirigirlo para lograr el crecimiento personal. Una vezque puedes identificar patrones negativos dentro de tus procesos de pensamiento, puedes convertirlos en energía positiva. Tomar conciencia de sí mismo es un paso vital para vivir su mejor vida. Cada paso que ciones te acerca a tu legendaria vida.

A veces, nuestro crítico interno puede ser útil. Puede ayudarnos a mantenernos motivados. Si tu voz interior te dice que no comas esa hamburguesa porque es mala para ti, es sensato escuchar. Sin embargo, con demasiada frecuencia, esa crítica es dañina, no útil. Puede generar una negatividad excesiva. Ese auto-hablar negativo te hace caer.

El auto-hablar negativo toma varias formas. Puede sonar fundamentado, como "No soy bueno en esto, así que no debería hacerlo en caso de que me lastime". Alternativamente, puede sonar medio , como "Todo lo que hago goes mal." Puede sonar realista , como "Obtuve una mala marca para esta prueba de matemáticas. Eso significa que no soy bueno en este tema". Incluso puede convertirse en una fantasía temerosa, como "Fallaré en mi clase y nunca entraré en la universidad".

El auto-hablar negativo limita su capacidad de creer verdaderamente en sus habilidades. Al disminuirte a ti mismo, tu confianza también se ve socavada. Esto le impide poner en marcha un cambio positivo. Por lo tanto, te impide alcanzar tu máximo potencial y vivir una vida legendaria.

El auto-t alk negativose liga a la autoestima pobre y a los niveles más altos de la tensión. Esto reduce tu motivación y te hace sentir indefenso. Cuanto más te digas a ti mismo que no puedes hacer algo, más lo creerás. Empiezas a creer que necesitas ser perfecto, pero la infecciónes inalcanzable. Empiezas a sentirte deprimido e inseguro. Esto puede incluso hacer que desarrolles problemas de relación.

Lo más importante es que hablar de uno mismo negativo no es positivo. El autotalkpositivo, por otro lado, es fundamental para lograr el éxito. Seha comprobado en estudios realizados entre deportistas. Estos mostraron que aquellos que participaron en la auto-conversación positiva lograron un mayor éxito.

Entonces, ¿cómo puedes identificar esa voz interior y tomar medidas para abordarla?

Atrapa a tu crítico interior enel acto. Cuando te des cuenta escuchando esa voz interior, detente de inmediato. ¿Hablarías con un niño o un buen amigo de esa manera? Si no, es un auto-discurso negativo y necesita ser detenido.

Recuerda que los sentimientos y pensamientos no siempre son reales. Solo porpensar que algo negativo sobre ti mismo no significa que sea cierto. Los pensamientos pueden estar sesgados y sujetos a estados de ánimo y sesgos.

Trate de nombrar a su crítico interno. Cuando haces esto, estás reconociendo que está fuera de ti. Esto te ayuda a reconocer que no necesitas escucharlo o estar de acuerdo con él. También te ayuda a ver la naturaleza ridícula de algunos de esos pensamientos críticos.

Contener esa negatividad. Solo permita que su crítico interno critique ciertos elementos de su vida. Alternativamente, limite el tiempo que está preparado para escuchar. Esto restringe el impacto de la negatividad en su vida.

Convertir la negatividad en neutralidad. Atrapa a tu crítico interior hablle negativamente. Si no puedes dejar de escuchar, trata de cambiar lo intenso que es el lenguaje que usa. Convierta "Odio esto" en "Me parece desafiante". El uso de un lenguaje más suave ayudaa silenciar el poder negativo que tiene el crítico.

Cuestiona tu voz interior. El auto-hablar negativo con frecuencia no es cuestionado. Atraparte en el acto y luego cuestionarse si es cierto. La mayoría de las auto-conversaciones negativas son una exageración. Si te llamas a ti mismo, su influencia es menos perjudicial.

Sé un amigo de ti mismo. Su crítico interno es a menudo su peor enemigo. Te permite decirte cosas a ti mismo que nunca soñarías con decirle a un amigo. Imagínese que usted estaba diciendo cosas tan negativas a un loved uno. ¿Cómo se sentirían? En su lugar, imagina cómo compartirías esos pensamientos con un amigo. Esto le ayudará a cambiar el auto-hablar negativo en positivo.

Cambia tu punto de vista. Trate de pensar a largo plazo. ¿Te molestará esto ahora realmente matter en un par de años? Mira tu problema desde la distancia. Esto cambiará su perspectiva.

Te ayudará a minimizar la negatividad.

Hable en voz alta. Cuando los pensamientos negativos se quedan en tu cabeza, son más poderosos. Háblalos en voz alta en su lugar. This te ayuda a ver lo ridículo que es tu auto-hablar negativo. Te ayudará a reconocer que es poco realista e irrazonable. Háblalo en voz alta a un amigo y también obtendrás apoyo adicional.

Detenga el pensamiento en seco. Usted puede hacer estofísicamente. Use una banda elástica alrededor de su muñeca y apaúsquela cuando experimente un pensamiento negativo. Puedes hacerlo mentalmente visualizando un letrero que diga stop. Incluso puedes intentar cambiar a una idea diferente cuando tengas pensamientos negativos. Esto funciona especialmente conpensamientos extremadamente críticos o repetitivos.

Convierte lo malo en bueno. Esta es la mejor manera de combatir su auto-hablar negativo. Trate de reemplazar esos pensamientos negativos con buenos. Tiene que ser preciso, pero también alentador. Por ejemplo, en lugar de decir "soy malo en esto" diga "Todavía estoy aprendiendo a hacer esto".

Abraza tus errores

Si quieres vivir una vida legendaria, necesitas fracasar hacia adelante. Reconocer que no hay errores, sólo lecciones que aprender. Si algo malo sucede, aprenda de ello. Cuando aceptas tus defectos y errores como una oportunidad para el crecimiento personal,tendrás menos miedo. También estarás más seguro de ti mismo y seguro. Como resultado, su vida se vuelve más divertida y gratificante.

La mayoría de nosotros nos sentimos mal si cometemos un error. Nos sentimos enojados con nosotros mismos. Muchos de nosotros nos golpeamos mentalmente una y otra vez. Esimportante evitarlo. Mira cada error como un regalo. Le da la oportunidad de explorar áreas en las que necesita trabajar más duro. Tal vez necesite cambiar su enfoque. Explore lo que ocurrió y por qué. Esto le ayudará a corregir la situación en el futuro y evitar cometer el mismo error de nuevo.

Por otro lado, no te niegues a reconocer tu error. No culpe a los demás ni a la situación en sí. Una mentalidad de víctima no le ayudará en absoluto en el largo plazo. Debes aprender a aprender de ella y seguir adelante, hatete más fuerte como persona.

¿Cómo aprendes a aceptar tus errores y fallas?

Sea abierto sobre la posibilidad de cometer un error. Todos los seres humanos cometen errores. Acéptalos como una oportunidad para aprender una lección de vida. Sí, usted puede lastimarse. Sin embargo, aprenderás a seguir adelante en lugar de revolcarte en la decepción y el arrepentimiento.

Tenga en cuenta – siempre esté atento a las áreas que se pueden mejorar. Sea consciente de lo que hace y por qué. ¿Cómo te sientes al respecto y cómo estás haciendo sentir a los demás? Usted estará buscando activamente la mejora y evitar erroresinnecesarios.

Aceptar la responsabilidad. No importa lo que suceda o el error que haya cometido, asuma toda la responsabilidad. Incluso si hubiera otra parte involucrada, siempre se puede aprender algo. Es liberador aceptar la responsabilidad. Si bien es difícil admitir que estás equivocado, demuestra tu coraje y fuerza. También le ayuda a comprometerse con su excelencia personal. También aceptarás la responsabilidad de poner las cosas en su sitio. Arreglar algo que se hizo mal. Corregir un malentendido. Esto le ayudará a tomar mejores decisiones en el futuro.

Cuando estés abierto a las lecciones de la vida que se pueden aprender de todos los encuentros, situaciones y eventos, te empoderarás a ti mismo. Como resultado, sus relaciones con los demás serán más ricas y significativas. También desarrollarás un mayor amor propio, una mayor maturidad y más integridad. Como resultado, podrás trabajar mejor en tu plan para vivir una vida legendaria.

5

ADOPT THE ATTITUDE OF A WINNER

Capítulo 5: Adoptar la actitud de un ganador

Piensa como un ganador

Si vas a ser uno de los ganadores de la vida, necesitas pensar como un ganador., Después de todo, pensar es la clave del éxito. Cuando puedes dominar tus pensamientos, puedes lograr cualquier meta que te establezcas. Puede sonar simple, pero es sorprendentemente difícil. You'll necesidad de desarrollar una conciencia de sus pensamientos y cómo afectan a su vida.

Un sentimiento de enojo puede afectar su vida negativamente durante horas. Una mentalidad negativa afecta directamente su éxito. Es importante, por lo tanto, considerar los pensamientos quete crían hacia abajo. ¿Cómo puedes cambiarlos en los pensamientos que tendría un ganador?

En primer lugar, hay que creer que todo es posible. Los ganadores no preguntarán si pueden lograr sus metas. Simplemente saben que pueden. Desafía la creencia de que algo es imposible. Muéstrale a otros a su alrededor que no es el caso. Demuestra que puedes hacer lo imposible e inspirarte a ti mismo y a los demás, reforzando tus propias creencias.

A continuación, debes perdonar conscientemente, sea cual sea la situación. Los ganadores nunca permiten que ninguna situación bloquee su camino. No dejarán que una sola acción de otra persona estropee su destino. Otros cometen errores. A veces, esos errores te harán daño. Necesitas perdonar a aquellos que te lastimaron, ya sea accidental o deliberadamente. Denle otra oportunidad a los demás. Reconocer los accidentes cuando ocurren y perdonar de inmediato. Si someone accidentalmente derrama algo de comida en usted en un restaurante, acepte sus disculpas. Esto le ayuda a lograr mejores resultados de su vida.

Aprende nuevas habilidades cada día. Para ser un ganador, necesitas aprender nuevas habilidades que te permitan pensar y adaptarte. Yotu cerebro entonces se acostumbra a cambiar.

Esto te permite progresar, asumir nuevos retos con facilidad y tener más éxito. También te ayuda a evitar el aburrimiento y la decepción que te alejarán de tu legendaria vida.

No debes tener miedo de salir de tu zona de confort. Si te sientes incómodo, esto es algo bueno. Significa que tu mente está en un buen lugar. Todos necesitamos y anhelamos el crecimiento. Sólo se puede lograr esto pasando por algunas molestias. Prueba las cosas que te preocupan y tefrighten. Sigue perseverando en ellos hasta que los hayas perfeccionado y ya no tengas miedo. Decirte mentiras positivas hasta que las creas es una ruta para ser un ganador.

Si te sientes diferente y como si no perteneciera, deberías abrazarlo. Serdiferente es bueno. Significa que eres único y especial. Eso es parte de vivir tu vida legendaria. Llega a un acuerdo con la idea de que son las cosas que te hacen diferente las que son fundamentales para tu éxito. Si crees que debes ajustarte a las normasde los demás, no puedes tener éxito. Siempre estarás cambiándote a ti mismo, tratando de moldear tu vida para que se adapte a los demás, no a ti mismo. Ese no es el camino hacia una vida legendaria.

Los ganadores no escuchan teorías e ideas de conspiración. Aquellos que creen que otros están conspirando contra ellos desarrollan patrones de pensamiento negativos. Estos te impiden alcanzar tus metas y ser la mejor persona que puedes ser. Por supuesto, es fácil adelgazark alguien está tratando de descarrilarte y derribarte. Esto es especialmente cierto si estás en una racha de mala suerte.

Sin embargo, la mayoría de las personas no tienen tiempo para concentrarse en ti. No están tan interesados en tu vida. No les importa si eresun éxito. No te dejes llevar por conspiraciones. En su lugar, date cuenta de que tienes tus debilidades y necesitas trabajar en ellas. Dedique su tiempo a crear pensamientos más positivos. Si crees que los demás son buenos en lugar de tratar de hacerte daño, pensarás como un ganador.

Rodéate de las personas adecuadas

Tu círculo social no podría ser más importante para ayudarte a vivir una vida legendaria. Las personas con las que pasas tiempo pueden influir enormemente en tu estado de ánimo. Pueden cambiar la forma en que ves el mundo. Incluso pueden afectar la forma en que piensas sobre ti mismo. Si te rodeas de las personas adecuadas y positivas, puedes adoptar más positividad en tu vida. Adoptarás creencias más empoderantes. Si te rodeas de personas negativas y de mente estrecha, tu positividad se resentirá. Si eres un go-getter pero estássuperado por aquellos que carecen de ambición, también serás retenido. Si estás rodeado de aquellos que critican constantemente, te faltará la confianza para ser tú mismo.

Piensa en la forma en que te sientes cuando has pasado tiempo con los que te rodean. ¿Te sientes elevado y positivo? ¿Estás listo para aceptar desafíos y aprender cosas nuevas? Alternativamente, ¿te sientes inseguro y molesto? ¿Estás luchando por controlar tus emociones?

Ya sea en su vida personal o profesional, es difícil dejar de ir las relaciones tóxicas. A nadie le gusta quemar puentes. Esto es especialmente cierto cuando se trata de aquellos que conoces desde hace años. Sin embargo, salga de su zona de confort y el crecimiento cun comienzo. Si tienes relaciones unilaterales que te están derribando, necesitas liberarte. Esto le permitirá centrarse en las cosas que importan.

Cuando te sientes agitado, temeroso o agotado después de haber pasado tiempo con alguien, significaque no es malo para ti. Recuerda que la proximidad es poder. Las personas con las que pasas tiempo eventualmente te convertirán en una copia de ellas. ¿Quieres ser una persona negativa? ¿Quieres que te falte ambición? Entonces es el momento de eliminarlos de su vida. Instead, encontrar buenas, personas positivas para estar a su alrededor todos los días.

¿Cómo se puede lograr esto? Aquí hay algunos de los mejores consejos para comenzar.

Eleva tus estándares. Todo el mundo tiene metas que lograr, pero las actividades en las que inviertes tu tiempo reflejan tu standards. Sus relaciones también son un reflejo de esas normas. Por lo tanto, es hora de elevar esos estándares. Elige no estar cerca de aquellos que te distraen y hacen que tu vida sea negativa. ¿Tiene miedo de lo que pueda suceder si sigue adelante o se deshace de esaspersonas ne gative?
Es hora de dejar de tener ese miedo.

Encuentra a alguien que ya sea un ganador. Acelerar el éxito significa rodearse de otras personas exitosas. Encuentra a aquellos que ya logran los resultados que deseas. Averigüe cómo funciona su éxitos. Puede hacer esto pasando más tiempo con ellos. Fíjense en cómo responden a los conflictos. Cómo manejan sus relaciones. Los hábitos que han establecido que les ayudan a alcanzar. A continuación, puede trabajar en la adaptación de su propia vida para reflejar esa estrategia.

Believe en ti mismo. Otros pueden sentir si crees en ti mismo. Cuando no lo haces, tiendes a atraer a otras personas con un problema similar. Acéptate a ti mismo como la persona que eres. Reconoce tus talentos, dones, atributos y fortalezas. Sé amable con tuself y habla contigo mismo positivamente. Creer en ti mismo te ayuda a atraer a personas más optimistas a tu círculo.

Perdona más libremente. Si tienes resentimiento, ya sea hacia los demás o hacia ti mismo, tendrás energía negativa. Esto, a su vez, atraeexperiencias negativas y personas a usted. Permítete perdonar. Perdona los errores que tú y otros han cometido. Reconocer que todo sucede por una razón.

Cada experiencia que tienes te ayuda a convertirte en la mejor persona que puedes ser. Todo el mundo falla det ime a tiempo. Sin embargo, es sólo a través del fracaso que podemos crecer y aprender. Si nunca has conocido el fracaso, nunca serás un éxito. Permite que los recuerdos negativos se vayan y tendrás una energía más alta y más positiva.
Esto atrae a un amoroso ysolidario.

Como atraerá como. Si quieres positividad en tu vida, necesitas tener pensamientos positivos. Necesitas adoptar una mentalidad positiva. Esto atrae a otras personas positivas hacia ti. Abraza esas relaciones que te inspiran, motivan y empoderan para lograr lo mejor que puedas. Celebra los éxitos de los demás junto con tus éxitos. Esto te permitirá rodearte de otras personas positivas. Concéntrese en mantenerse positivo. Eso solo hará que más personas positivas entren en su círculo.

Sé proactivo entu acercamiento a la vida. Es necesario maximizar el potencial en cada situación y aprovechar al máximo cada minuto. Si te sientas a esperar a que sucedan las cosas, nunca lo harán. Necesitas perseguir las cosas que deseas.

Sé valiente e ir tras ellos. Sí, es frightening, pero es la única manera de vivir una vida legendaria.

¡Es lo que haría un ganador!

6

FIND YOUR PLACE AND PURPOSE

Capítulo 6: Encuentra tu lugar y propósito

No es fácil encontrar tu propósito y tu lugar en el mundo. Podría ser el paso más difícil hacia vivir una vida legendaria. Para algunas personas, se necesita toda una vida para descubrir su propósito. Muchos ni siquiera logran darse cuenta. Sin embargo, es vital si quieresvivir la vida al máximo.

¿Cómo sabes si estás en el lugar equivocado en este momento? Hay una pregunta que puedes hacer que podría ayudarte a darte la respuesta. Si se hiciera una película de tu vida, ¿alguien querría ir a verla? Si la respuesta es no,y ou're no están en el lugar correcto para usted. Considera cuánta satisfacción tienes en tu vida. ¿Te sientes satisfecho en casa? ¿En el trabajo? ¿En tu vida social? ¿En tus relaciones? Si lo haces, esa es una excelente señal. Sin embargo, si no lo hace, es hora de aplicarelcambio.

Entonces, ¿cómo puedes comenzar a encontrar tu lugar? Aquí hay algunos consejos valiosos:

Piensa en tus talentos y habilidades. ¿Qué disfrutas y qué puedes hacer para beneficiar al mundo? La principal clave del éxito a la hora de encontrar tu lugar es tener una mente abierta. No se deje encerrar en nuevas ideas y experiencias. ¿Quién sabe a dóndete puede llevar tu palmaditaen la vida? No tengas miedo de probar cosas nuevas y diferentes. Es sólo haciendo esto que usted será capaz de descubrir las cosas que realmente amas. ¡Quién sabe, podría ser algo totalmente inesperado!

Encontrar su lugar puede no significar tener un estilo de vida lujoso o un trabajo prestigioso. Se trata de ser feliz todos los días. Podrías estar trabajando por el salario mínimo, pero aún así amas lo que haces. Usted podría vivir en una habitación alquilada en una casa compartida y aún así sentirse realizado en susrelaciones. La felicidad significa cosas diferentes para diferentes personas. Debes identificar lo que te hace feliz, y solo a ti. No tienes que esforzarte para lograr cosas que otros te digan que necesitas ser feliz. Eso sólo agrada a los demás. Haz lo que te plazca. Si las cosas en tu vida no te hacen feliz, cámbialos.

Tal vez no tengas un talento o habilidad que creas que beneficiará el bien común. Eso está bien, todavía puedes tener un propósito y un lugar en la vida. Tal vez deberías intentar ser voluntario. Hay muchas causas que se pueden apoyar, desde refugios para personas sin hogarhasta santuarios de animales. Cuando estás ayudando a los demás, puedes sentirte bien con la vida y contigo mismo. Centrarse en eso te moverá hacia la felicidad continua y una vida legendaria.

Sin embargo, también es importante reconocer sus limitaciones. Reconocer todo su potencial es importante, pero reconocer las limitaciones es igualmente vital. Persistir en algo para lo que no eres adecuado nunca será la opción correcta. Pon tus habilidades en uso en otro lugar. Atienda a su conjunto de habilidades y habilidades al tomar decisiones. De esa manera,no perderás tu tiempo. Dicho esto, sin embargo, no seas demasiado estacionario. Si no estás dispuesto a adaptarte y cambiar, nunca vivirás esa vida legendaria con la que sueñas.

CHAPTER
7
EMBRACE
POSITIVITY

Capítulo 7: Abrazar la positividad

Cuando se trata de vivir una vida legendaria, es necesario abrazar la positividad. Centrarse en lo positivo y no en lo negativo es un paso vital. Todo en la vida es como lo percibes. Incluso una situación terrible podría convertirse en un positivo con el derecho a laactitud e. No pienses "Estoy atrapado aquí en una línea, qué pérdida de tiempo." En su lugar, debes pensar "Mientras espero, ¡puedo pasar este tiempo inesperado pensando en mi vida!"

Adoptar la mentalidad correcta

Tanto la positividad como la negatividad son decisiones que tomamos. Podríamos optar por mirar el lado sombrío de cualquier situación. Sin embargo, eso no nos hace ningún bien. En su lugar, elija pensar en el lado positivo. Busque aspectos positivos siempre que pueda.

Pensar positively reduce el estrés que experimentas en la vida. Puede ser muy fácil dejar que los pensamientos negativos se cuelen. Por ejemplo, si tienes una tarea difícil que hacer que nunca has intentado antes, es fácil tener miedo. Muchas personas inmediatamente saltan a pensar "Yo haven't hecho esto antes por lo que podría fallar". En su lugar, darle la vuelta. Busque los aspectos positivos. Trate de pensar "Voy a aprovechar esta oportunidad para aprender una nueva habilidad." Si usted puede hacer una situación potencialmente estresante una positiva, que beneficia a su health mental.

También es importante apreciar las cosas que tienes. Sea cual sea la situación en la que te ensase, en tu vida, hay algo por lo que estar agradecido. Muchos de nosotros, naturalmente, damos por sentados las cosas y las personas de nuestras vidas. Pero, cuando hacemos esto, siempreterminamos queriendo más. Estamos buscando algo nuevo todo el tiempo. Trate de tomarse el tiempo para reflexionar sobre las cosas que tiene. Siéntase agradecido incluso por las cosas más pequeñas. Esto te ayuda a sentirte feliz ahora.

¿Sientes que no tienes nada por lo que estar agradecido? Entonces simplemente no lo estás buscando. Todo el mundo tiene algo por lo que sentirse agradecido, sin importar lo difícil que sea su situación. ¿Tienes una familia a nuestro alrededor? ¿Tienes un lugar seguro para dormir esta noche? ¿Has tenido suficiente para comer hoy? ¿Tienes amigos en los que puedas confiar? ¿Tiene suficiente dinero para pagar sus cuentas este mes? Mira lo básico primero. Una vez que comienzas, se vuelve más fácil ver todas las cosas en tu vida que son buenas.

Haz un hábito de enumerartodas las cosas por las que estás agradecido al final de cada día. Nada es demasiado pequeño o insignificante para ser enumerado.

Tal vez usted recibió una llamada telefónica de un familiar o amigo. Tal vez alguien te sonrió en el autobús. ¿Su gerente lo elogió en el trabajo? You puede haber terminado un proyecto en el que has estado trabajando o probado algo nuevo por primera vez. Incluso el hecho de que el sol brillaba es suficiente para sentir gratitud.

Un rasgo a tener en cuenta y evitar son los celos. Los celos son negativosy sólo conducirán a la pérdida en su vida. Cuando estás celoso de los demás, terminarás empujándolos lejos. Ser envidioso de las posesiones no tiene sentido, realmente no importan a largo plazo. Cuando encuentres que te sientes celoso, enfócate en las cosas que tienes tuelfo. Olvídate de lo que otras personas tienen. Como se indicó anteriormente, busca cosas por las que estar agradecido en tu propia vida.

Practicar la gratitud ayuda a alejar los celos.

En lugar de estar celoso de los demás, trate de convertir ese negativo en un positivo. Configura lo que deseas como uno de tus objetivos. Ya no tendrás envidia ni estarás enojado. En su lugar, te estarás enfocando en un paso positivo que necesitas dar hacia adelante en tu life. Así es como te mueves hacia un estilo de vida legendario.

Hagas lo que hagas, debes dejar de quejarte. Este es uno de los rasgos más negativos de todos. Aquellos que se quejan nunca pueden atraer a personas positivas a sus vidas. Como señalamos anteriormente, tenerpersonas p ositivas a tu alrededor es vital para el éxito. Por lo tanto, deje de quejarse de sus problemas y deficiencias. En su lugar, concéntrese en por qué siente que tiene motivos para quejarse. ¿Qué puedes hacer al respecto para cambiar la situación? Mínlo como una oportunidad para crecer y aprender. Al convertirlo en una experiencia de aprendizaje, ya no tendrás nada de qué quejarse.

8

DEDICATE TIME
TO WHAT
MATTERS MOST

Capítulo 8: Dedique tiempo a lo que más importa

¿Quién no desea que tuvieran más tiempo en su vida? Ya sea para pasar con amigos o seres queridos, para estudiar o para hacer más ejercicio, el tiempo es un bien escaso. Desafortunadamente, solo hay 24 horas en un día. Eso significa que tenemos una cantidad limitada de tiempo para ftodo en.

La vida moderna está muy ocupada. Entre su trabajo, familia y vida social, usted puede sentirse apresurado de sus pies. Esto significa que, a pesar de nuestras mejores intenciones, algo debe pasar a un segundo plano. Entonces, ¿cómo administras mejor tu tiempo? ¿Cómo dedicas tiempo a las cosas que más importan?

La importancia de las relaciones personales

¿Qué es lo que más te importa? Tómese el tiempo para pensar en ello. Conocer las cosas que tienen más importancia en tu vida es la clave para ponerlas en primer lugar.

La mayoría de nosotros encontramos, cuando lo pensamos, que nuestras relaciones son lo más importante. Siesas relaciones son con una pareja, padres, hijos, hermanos o incluso amigos, son vitales para nuestra felicidad. Sin embargo, con demasiada frecuencia, son las relaciones las que quedan en un segundo plano para que podamos concentrarnos en otras cosas.

¿Cuántas veces has llegado tarde a casa debido al trabajo? Para vivir una vida legendaria, necesitas ser feliz. Para ser feliz, necesitas enfocarte en tus relaciones. Sí, el trabajo es importante, pero también lo son los que te rodean y los que más significan. Por lo tanto, es necesario trabajar un way parapriorizar y dedicar más tiempo a las cosas que más importan.

¿Cómo se puede hacer esto? ¿Cómo puedes dedicar tiempo a las personas que te importan sin derribar otras áreas de tu vida? Estos son algunos consejos a seguir:

- Minimice y, a continuación, minimice de nuevo. El desorden en cualquier aspecto de su vida es inútil y limitante. Tidying, tanto física como metafóricamente, te ayudará a ser más feliz. Elimina todo lo que no sea necesario. ¿Estás pasando tiempo con alguien que no te importa porque sientes que deberías? ¿Tienes un amigo tóxico que te exige tu tiempo yte impide estar con tufamilia? Es hora de deshacerse de ellos. Elimina cualquier cosa que no te traiga felicidad.
  Menos es siempre más.

- El ajetreo no es lo mismo que el valor. Tenemos una cultura de correr a punto de completar una tarea tras otra. Tenemosque pensar que esto es productividad y nos hace más valiosos en la sociedad. Esto simplemente no es cierto. Mantenerse ocupado es una forma de distraerse. Le impide centrarse en las cosas en las que necesita gastar energía. Tranquilo. El mundo no llegará a su fin, y podrás ver las cosas que has estado pasando por alto.

- Vea la diferencia entre efectividad y eficiencia. El tiempo es precioso. Es necesario asignarlo solo a las cosas más importantes. Eso significa que usted necesita ser eficiente y effective. Si solo eres efectivo, eso puede llevar mucho tiempo. Si solo eres eficiente, los resultados pueden ser descuidados. Cada vez que se acerca a una tarea, debe abordarse con ambas cosas en mente. Cuando tomamos esto en el contexto de sus relaciones, significa ser genuino y estar presente en cada interacción.

- Mantente enfocado en una tarea a la vez. ¿Con qué frecuencia ha decidido revisar un correo electrónico y luego terminó en modo de trabajo durante horas? Es necesario poner su enfoque en una sola tarea y mantener ese enfoque. Es difícil apegarse a su plan. Es muy fácil permitir que la comprobación de one correo electrónico se convierta en responder a una serie de mensajes. Sin embargo, si practicas, descubrirás que se convierte en un hábito. Esto le dará más tiempo para concentrarse en las cosas importantes. Evitarás las distracciones que ocupan demasiado tiempo y energía.

- Address la causa raíz de sus problemas. Cuando hay problemas sin resolver, siempre estarán en tu mente. Eso significa que no puedes estar verdaderamente presente en ninguna otra actividad que emprendas. Aborde el problema de frente. ¿Estás pasando por un dilema con tu pareja? No te escondas de ella pasando más tiempo en el trabajo. ¿Está experimentando un problema de trabajo que no desaparecerá? Lidiar con él de inmediato. Rehuir sólo conduce a problemas más profundos y una mayor pérdida de tiempo. Sé valiente. Confronta tus problemas. Usted será better para él en el largo plazo.

- Manténgase organizado. Cuando tienes tiempo para pasar con tu familia y amigos, no quieres distracciones. Asegúrese de que tiene un tiempo para todo y mantener todo a su horario establecido. El trabajo es para las horas de trabajo. No lo traigas a casa. Tenga un tiempo reservado para las tareas domésticas para que no se desborde en el tiempo de la familia. Mantenerse organizado le da el espacio mental para poner su enfoque en el momento. Podrás disfrutar del tiempo con las personas que importan sin distracciones.

CHAPTER 9

BUILD OTHERS UP, DON'T TEAR THEM DOWN

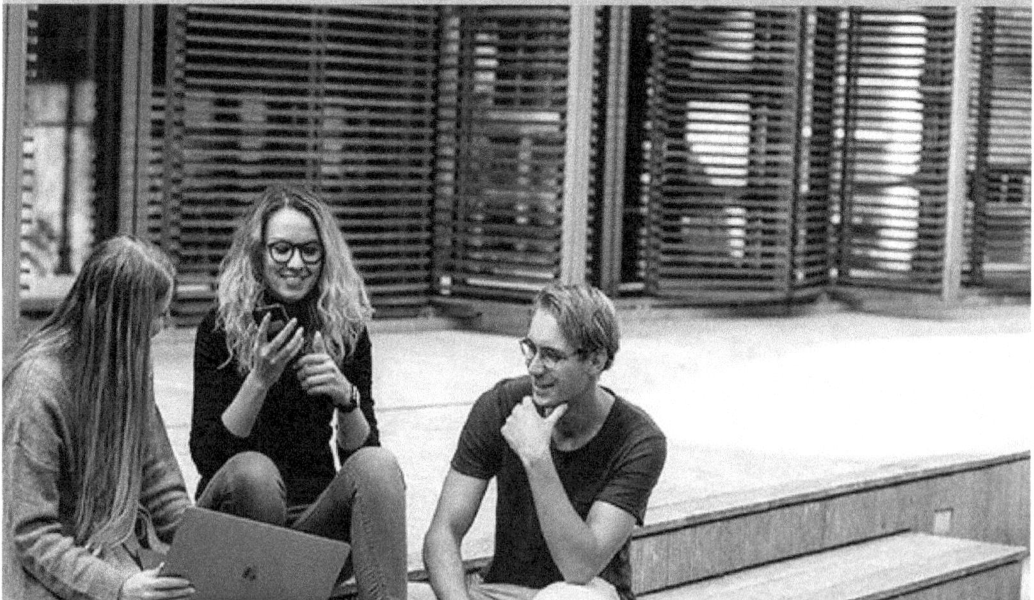

Capítulo 9: Edifica a los demás, no los derribas

Una cosa importante a recordar cuando se piensa en vivir una vida legendaria es esto:

Su luz no brillará más al poner a otra persona fuera.

Construirte a ti mismo poniendo a los demás abajo nunca te va a hacer feliz a largo plazo. En cambio, mostrar un aprecio genuino por otras personas es una mejor ruta hacia la alegría. Construir otrosen lugar de derribarlos beneficiará a ambos. Harás feliz a esa persona, y al hacerlo, también te hará sentir bien.

La importancia de la alabanza

Cuando pasas información positiva sobre otra persona, estásempoderando a esa persona y a ti. ¿Cómo funciona esto? Esencialmente, estás generando positividad. Cuando elogias a alguien, se siente bien consigo mismo. Sienten que han logrado algo bueno. Mientras tanto, te sentirás bien contigo mismo por hacer feliz a alguien. Esto fomenta vibraciones positivas en todo.

Cuando elogias a otras personas, muestra que buscas aspectos positivos en otras personas. Estás buscando cosas buenas antes de ver lo malo. Eso significa que otros confiarán en ti y te gustarán.

Cuando te gustan y te confían, te sientes positivo contigo mismo. Tambiénpodrás rodearte de otras personas positivas, y ya sabemos que eso es importante.

Aún mejor, si estás alabando a otras personas, es mucho más probable que otros te den elogios a cambio. Esto aumentará tu autoestima y te hará sentir más positivo. Esencialmente, estarás en un bucle de retroalimentación positiva que te prepara para el éxito.

Por supuesto, usted necesita permanecer genuino. No debes dar elogios cuando no se debe. Felicite demasiado a los demás y su valor será negado.

CHAPTER 10

BE YOURSELF

Capítulo 10: Sé tú mismo

"Sé tú mismo" es la décima cosa en nuestra lista de cosas a considerar, para acercar tu legendaria vida. Eso no significa que sea lo menos importante. Es tan importante, si no más, que cualquiera de las otras cosas que hemos abordado aquí.

Demasiados de nosotros nos sentimos presionados a tratar de ser alguien que no sea nosotros mismos. Yasea en el trabajo o en casa, a menudo existe la presión de ajustarse a las expectativas. Otros a menudo están tratando de influir en la persona que eres.

Sin embargo, siempre necesitas ser tú. Sé tú mismo tanto fuera como dentro. Si te conoces a ti mismo en el nivel más profundo, tendrás una mejor oportunidad de una vida plena y feliz. Si no te conoces a ti mismo o no estableces límites adecuados, podrías ser empujado con demasiada facilidad. Eso conduce a la insatisfacción y la infelicidad a largo plazo.

Ajustarse a las expectativas de los demás es una opción fácil. Sin embargo, también es el camino del cobarde. Hay que ser valiente. Se requiere coraje para ser fiel a ti mismo, pero sin duda vale la pena. Puede ser un verdadero desafío mantener tu sentido de ti mismo a través de las distracciones e influencias de los demás. Sin embargo, si quieres alcanzar tu máximo potencial en tu vida, todo comienza con que seas tú mismo.

Abraza quién eres

¿Por qué necesitas abrazar a la persona que realmente eres? Estas son algunas de las razones por las que es importante.

- Podrás alinear tu vida con tus propias creencias y valores. Si no estás siendo tú mismo, terminarás asumiendo las creencias y valores de los demás. Tsu termina en usted conforme a las expectativas y patrones de pensamiento de los demás. ¿Cómo puedes vivir una vida legendaria si estás viviendo de esta manera?

- Podrás establecer una identidad propia. Entonces, lo que sea que pueda ocurrir en tu vida, siempre sabrás exactamente quién eres. Eso significa que sabrás cómo reaccionar. Sabrás cuál debe ser tu respuesta. No habrá segundas adivinanzas sobre lo que diceso no debes decir o hacer. Sí, a veces puede sentirse distraído o perdido. Sin embargo, cuando estés seguro de ti mismo, eventualmente volverás a encarrilarte. No te perderás.

- Crecerás en coraje. Se requiere una gran valentía para ir contra la multitud y tomar su propio camino. Mantenerse fiel a su propia identidad es un desafío. Tu fuerza interior crecerá y, pase lo que pase, sabrás cómo debes manejarla.

- Podrás establecerte límites. Si eres tú mismo todo el tiempo, conocerás tus límites. Te habrás fijado límites que no se pueden romper. Cuando se crucen esos límites, lo sabrás. Nunca permitirás que nadie se aproveche o camine erti. Eso te aleja de la frustración que solo sirve para derribarte y alejarte de esa vida legendaria.

- Encontrarás dirección y enfoque para tu vida. Si eres tú mismo todo el tiempo, serás consciente de las metas que necesitas lograr. También tendrás claro cómo los vas a lograr. Tener esta dirección te lleva a ser capaz de lograr ese estilo de vida legendario.

Recuerda, pases lo que pases en tu vida solo hay una cosa en la que puedes confiar. Sólo una persona will permanecer constante – USTED. Así que sé fiel a esa persona especial y maravillosa. Sólo entonces podrás embarcarte en la vida legendaria que deseas.

conclusión

Entonces, ¿qué puedes tomar de esta guía para vivir una vida legendaria? A estas alturas, usted debe saber cómo empezar a lograr este objetivo. Usted sabe la importancia de identificar dónde están los problemas en su vida. También sabes cómo empezar a visualizarel futuro que deseas. Este es el primer paso hacia el deseo de tu corazón.

Tomar decisiones activas es clave para vivir una vida legendaria. Piensa cuidadosamente en las cosas que más quieres en tu vida, luego persíguilas sin descanso. Idear un plan y luegota ke los pasos necesarios para alcanzarlos. Sé decisivo dentro de tu vida cotidiana. Nunca dejes que otras personas te presionen para que tomes decisiones que no sean las correctas para ti.

También es importante ponerse en un lugar donde esté listo para aceptar el desafío de un estilo de vida legendario. Física y mentalmente, debes estar preparado para asumir lo que pueda suceder. Si estás mal, ansioso o deprimido, no puedes concentrarte en tus metas adecuadamente. Comer bien y hacer suficiente ejercicio le ayudará a be en buena formafísica. Dale a tu cuerpo la mejor oportunidad posible para hacer frente a cualquier cosa que la vida te arroje. Si estás sano y en forma, estás en un buen lugar para sobrellevarlo.

Estar en un buen lugar mental es igualmente importante. Tómese el tiempo para usted. Amaa tu elfo. Muéstrese el cuidado y la atención que le mostraría a un ser querido. Te lo mereces. Tómese el tiempo para ser consciente y meditar. Esto le ayudará a concentrarse, desestresar y mantener su mente clara para allanar el camino hacia el éxito. Practica yoga y meditación paravencer la ansiedad y la depresión. Cuando estés mentalmente bien, así como físicamente bien, estarás doblemente listo para asumir desafíos.

Ahora también sabes la importancia de tu mentalidad. Piensa como un ganador. Sólo entonces puedes convertirte en uno. Surround usted mismo con positividad y desterrar la negatividad. Cuando tienes otras personas positivas a ti, puedes prosperar.

Comenzarás a dibujar en positividad de ellos y devolverlo a cambio. Esto te ayuda a lograr la felicidad que necesitas para una vida legendaria. No tenga miedo de salir de su zona de confort o desterrar a las personas tóxicas de su vida. Sólo poniendo yourself en el ambiente adecuado puede tener éxito y vivir su mejor vida.

Sé fiel a ti mismo, establece tus límites y vive según tus valores. Sólo entonces puedes experimentar la verdadera libertad y felicidad. Nunca tendrás que conformarte con lo que los demás esperan de ti. You'll también nunca será aprovechado o empujado alrededor. No importa lo que pueda suceder en tu vida, tendrás los recursos necesarios para manejarlo. Nunca estarás perdido o coaccionado a hacer algo que no es adecuado para ti. En su lugar, estarás listo para face desafíos de frente. Superarás cualquier cosa que se te ocurra y saldrás del otro lado una persona más fuerte. Esencialmente, estarás conectado para la grandeza.

Sobre el autor

C.X. Cruz nació en Puerto Rico y ha vivido en el área de la ciudad de Nueva York desde que tenía 14 años. Tiene títulos de posgrado de la Universidad Estatal de Nueva York y la Universidad de Honolulu en Ciencias de la Computación. Ha trabajado para bancos de inversión europeos como UBS, y para bancos estadounidenses como Goldman Sachs. Sus aficiones incluyen la silvicultura y el remo.

Cuando era un estudiante de posgrado muy joven, Cruz pensó en publicar libros. Hace 30 años era extremadamente difícil publicar un libro utilizando los métodos tradicionales. Renunció a este sueño editorial en ese entonces.

Afortunadamente, hay numerosas maneras de convertirse en un auto-editor hoy en día. Internet ha democratizado muchos negocios como la edición de libros. Cruz puede traerte un gran contenido y un gran precio. Nunca dejes de leer y aprender. ¡Cruz sabe que disfrutarás leyendo sus libros!

legal

El material de este libro se obtuvo de InDigitalWorks.com con derecho de participación.

Sin responsabilidad

Bajo ninguna circunstancia el creador del producto, programador o cualquiera de los distribuidores de este producto, o cualquier distribuidor, será responsable ante cualquier parte por cualquier daño directo, indirecto, punitivo, especial, incidental u otro daño consecuente que surja directa o indirectamente del uso de este producto. Este producto se proporciona "tal cual" y sin garantías.

El uso de este producto indica su aceptación de la política de "No responsabilidad". Si no está de acuerdo con nuestra política de "No responsabilidad", entonces no se le permite usar o distribuir este producto (si corresponde). La falta de lectura de este aviso en su totalidad no anula su aceptación de esta política en caso de que decida utilizar este producto.

La ley aplicable puede no permitir la limitación o exclusión de responsabilidad o daños incidentales o consecuentes, por lo que la limitación o exclusión anterior puede no aplicarse a usted. La responsabilidad por daños y perjuicios, independientemente de la forma de la acción, no excederá la tarifa real pagada por el producto.

InDigitalWorks.com

derechos de autor